DEUXIÈME LETTRE

A

MES CONCITOYENS

PAR

A. COLLINEAU

DOCTEUR-MÉDECIN

LA CRISE. — APPEL A L'UNION

CE QUE C'EST QU'UNE MONARCHIE. — CE QUE C'EST QU'UNE RÉPUBLIQUE

1re Édition

EN VENTE CHEZ LES PRINCIPAUX LIBRAIRES

—

Droits réservés.

DEUXIÈME LETTRE

A

MES CONCITOYENS

Chers concitoyens,

Ligués par un sentiment de haine (le seul qui puisse les maintenir quelque temps unis), les hommes qui ont entrepris de renverser la République donnent la mesure de leur aveuglement. La duplicité dont ils ont fait preuve est sans exemple. L'éclat de leur échec égalera l'âpreté de leurs efforts.

Toutes leurs tentatives de bouleversement tournent à la confusion des convoitises monarchiques. Par conséquent, rassurez-vous.

..... Il fallait à ces messieurs « UN GOUVERNEMENT DE COMBAT. »

Oui, dans la séance du 26 novembre dernier, du haut de la tribune de l'Assemblée nationale, ils ont eu le triste courage d'inviter le pouvoir exécutif de

la République *à organiser à leur profit un gouvernement de combat* (1).

Un gouvernement de combat! Mais c'était la per-
sécution élevée au rang d'une institution légale, c'é-
tait la guerre civile, les répressions sans fin, les
sanglantes représailles, la réapparition des Prus-
siens dans les départements récemment évacués,

---

(1) Les principaux meneurs étaient M. de Kerdrel, M. le duc de
Broglie, M. le duc d'Audiffret-Pasquier, M. le général Changarnier,
MM. Rouher, Raoul Duval, Ernoul, Lucien Brun, Batbie.

C'est M. Batbie qui a pris la parole en leur nom. Cette personna-
lité à la fois grotesque et sinistre est bonne à connaitre.

En 1848, M. Batbie, le *gros Batbie*, comme on l'appelait dès ce
temps-là, par allusion à ses formes massives, était un orateur de
club des plus violents. Il est un des premiers qui ait lancé le mot
terrifiant de *liquidation sociale*. Un jour qu'il développait avec l'em-
phase qui le distingue, son sujet de prédilection, un de ses auditeurs
l'interrompit : « Et dans votre système de liquidation sociale, lui
« dit-il, que faites-vous des gens parvenus par le travail et la par-
« cimonie à une fortune honorable? — Ce que j'en fais, de ceux-là,
« répondit M. Batbie en enflant la voix, ce que j'en fais? Eh bien,
« je les livre en pâture au lion populaire! »

En 1849, il affectait le républicanisme le plus pur. « Une seule
« forme de gouvernement est désormais possible et légitime, écri-
« vait-il dans une circulaire adressée aux électeurs du Gers, elle est
« le fruit à jamais irrévocable de la révolution qui vient de s'ac-
« complir. Rien ne saurait nous enlever la République, qui est
« aussi inviolable que nos droits, aussi définitive que la liberté dont
« elle est inséparable. »

Quelques années plus tard, il se ralliait *franchement* (!) à l'Empire, qui fondait tout exprès pour lui une chaire de professeur à
l'École de droit de Paris. (Le promoteur de la liquidation sociale,
professeur de droit... ô ironie!) Et il devenait un serviteur accompli
de Napoléon III.

· Voilà celui dont la coalition monarchiste a fait choix pour déve-
lopper à la tribune les folles et périlleuses maximes qui ont eu à
chaque foyer un retentissement de tocsin.

l'exigence, de la part du vainqueur, de garanties nouvelles ; c'était la ruine, c'était la fin.

Un gouvernement de combat ! Mais, en admettant (entre nous, la chose n'eût pas été bien commode) qu'ils aient pu faire main-basse sur tous les républicains et réussir à relever le trône, quelle attitude aurait-il prise, leur gouvernement de combat, en présence des divers prétendants ?

Pour représenter la branche aînée des Bourbons, il y a le comte de Chambord ; pour la branche cadette, le duc d'Aumale, le prince de Joinville, le comte de Paris; pour la famille Bonaparte, il y a celui qui a livré à Sedan l'épée de la France, il y a aussi le fils avec une régence. Lequel, je vous prie, eût consenti à s'effacer devant les autres ? Lequel eût renoncé à faire valoir ce qu'ils appellent modestement leurs droits?

Vous voyez bien, c'était une suite de déchirements interminables, l'irrémédiable épuisement, l'effondrement du pays.

Jusqu'à quel degré l'esprit de parti obscurcit-il donc le discernement des hommes ? Et comment se peut-il qu'il s'en trouve pour pousser, sans respect pour les deuils de la patrie, sans souci de l'étranger qui, l'arme au bras, foule encore notre sol, ce stupide, ce brutal cri de guerre entre Français : *Qu'on organise un gouvernement de combat !*

Ils ont échoué. Notre patriotisme a droit d'applaudir à leur défaite. Le bon sens public avait fait justice de leurs étranges prétentions avant même que le gouvernement de la République, fort de l'appui de tout ce que l'on compte d'hommes sincères et éclairés, ait pu encore faire ratifier le verdict de l'opinion.

Ils ont échoué; mais ils ont pour jamais démasqué leurs batteries. Qu'ils le nient ou non, c'est, au nom de la monarchie, une guerre implacable à la République qu'ils entendent déclarer.

Puisque, une fois encore, la question entre la monarchie et la République se trouve posée, abordons-la ensemble, si vous le voulez bien.

Mais d'abord, chers concitoyens, entre nous pas de malentendu.

Plus on fouille dans les actes de l'Empire, plus on y découvre d'infamie.

Afin de détourner l'attention de ses rapines, Bonaparte avait couvert la France d'agents tenus secrètement à ses gages, et n'ayant d'autre mission que de semer, entre citoyens, la division et la défiance.

Aux habitants des campagnes, ils ont dit : « Les gens des villes vous estiment à peu près autant que vos bêtes de somme. Ils se moquent de vous, parce que vous avez les manières gauches, que vous parlez mal le français et que vous n'êtes pas des savants. De ce que vous êtes timides, ils vous croient bornés, et prennent plaisir à vous faire accroire toutes sortes de mensonges. Ce sont des hommes sans foi, tapageurs, émeutiers et partageux qui guettent l'occasion de prendre votre bien. Toutes les fois qu'ils parleront, bouchez-vous les oreilles;

toutes les fois qu'ils paraîtront, détournez les yeux. Tout ce qui vient de la ville est vicieux ; il faut le fuir comme le péché... »

Aux habitants des villes, ils ont dit : « Les paysans sont plus retors qu'ils n'en ont l'air. Ils vous cachent toujours la moitié de ce qu'ils pensent, plaident le faux pour savoir le vrai et en tirer profit à vos dépens. Ils vous en veulent à cause même des connaissances qui leur manquent et qu'ils savent que vous possédez. Ils prennent pour de l'orgueil l'aisance plus libre de vos allures, et pour de la hauteur la netteté plus parfaite de votre langage, pour de la paresse les soins plus minutieux de votre travail, et vous méprisent au fond pour votre apparente inactivité. A leurs yeux, vous êtes des bouffons, des farceurs, des fainéants et des débauchés. Dans leurs rapports avec vous, ils n'ont qu'un procédé : la ruse ; qu'un but : vous bien tromper. »

Aux uns et aux autres, voilà ce qu'on a dit. Détestable tactique pour distancer les gens, et qui n'a que trop de fois réussi. — On est devenu soupçonneux de part et d'autre. Au lieu de se rapprocher, de se consulter, de se conseiller mutuellement, de s'entr'aider enfin, on s'est tenu sournoisement à l'écart. La conduite des uns a été le contre-pied de la conduite des autres ; et lorsqu'il s'est agi de prendre ensemble de graves décisions, loin de se concerter pour parvenir à une entente, le peuple des villes et celui des campagnes ont marché en sens opposé.

Les gens de la ville, eux, constataient de leurs yeux les déplorables abus de l'autorité impériale. Aussi se roidirent-ils sur la pente funeste où le pays était entraîné. Plus ils résistèrent, plus les gens de la campagne, réduits à leurs propres lumières, et ne jugeant les choses que de loin, se montrèrent dociles aux visées égoïstes et criminelles de Bonaparte.

Les intérêts pourtant sont les mêmes pour tous. Alors qu'il était temps, leur voix aurait dû, semble-t-il, se faire entendre. Le bon sens public aurait dû imposer silence aux odieuses excitations qui se renouvelaient depuis près de vingt ans. Sous la menace du danger, tout au moins le rapprochement entre concitoyens aurait dû s'accomplir. Il n'en fut rien. Après l'expédition inique et absurde du Mexique, l'Empire, à bouts d'expédients, chancelait. Le 8 mai 1870, Napoléon III imaginait, pour se cramponner au pouvoir, la lugubre plaisanterie du plébiscite.

Jamais l'étendue du désaccord qui divisait le citadin et le paysan ne se manifesta plus navrante.— De longue main éclairé sur la duplicité de la question posée par Bonaparte, le peuple des villes répondit : *Non.* — Aveuglé par l'exclusif souci de sa tranquillité, assourdi de perfides conseils, dans l'ahurissement d'une inexplicable terreur, le peuple des campagnes se laissa mener au vote, comme des moutons à l'abattoir, et, en masse, répondit : *Oui.* C'était livrer à Bonaparte et son propre avoir et le sang de ses enfants. Autant aurait valu apposer sa signature au bas d'une feuille de papier blanc et la remettre ensuite aux mains d'un scélérat.

Cet inqualifiable abandon de soi-même ne tarda pas à porter ses fruits. Six semaines plus tard éclatait la plus folle des guerres. On fut battu. Tous, nous avons payé l'impôt du sang; tous, nous subissons la loi rigoureuse du vainqueur.

La leçon est dure. Qu'elle profite !

Ce que nous n'avons pas su faire quand il en était temps, pour conjurer l'orage, faisons-le pour réparer les désastres qu'il a produit. Gens de la ville et gens de la campagne, n'oublions plus que nos intérêts sont intimement liés. Pour les garantir, rapprochons-nous, faisons corps, unissons-nous dans un commun et puissant effort.

Or, ou je me trompe singulièrement, ou nous ne parviendrons jamais à nous comprendre si, au préalable, nous ne nous rendons pas un compte exact de ces deux points, savoir: 1° *ce que c'est qu'une Monarchie ;* 2° *ce que c'est qu'une République.*

Ensemble, chers concitoyens, approfondissons donc ces deux termes fondamentaux de la question.

CE QUE C'EST QU'UNE MONARCHIE

Sur une estrade, il y a un fauteuil doré : c'est le trône. — Un homme s'y assied; empereur ou roi : c'est le monarque. — Il commande. — De quel droit? — C'est qu'il est né dans un palais, d'un père investi du suprême commandement. Mêmes conditions de naissance pour ce père, et ainsi de suite en remontant la série des âges jusqu'à ce qu'on arrive à celui des ancêtres qui, les armes à la main, a escaladé un jour le pouvoir.

Toute monarchie repose sur le droit brutal que la conquête laisse prendre au plus fort.

Le premier qui fut roi, fut un soldat heureux.

Violence, astuce, trahison, carnage, voilà les bases de la royauté. « La force prime le droit, » proclamait il y a deux ans à peine M. le prince de Bismark. Elle date de loin cette maxime appliquée si rigoureusement en France par le premier ministre de Sa Majesté royale et impériale Frédéric-Guillaume de Prusse... C'est la négation, à la vérité, de toute conscience, de toute justice, le renversement de toute morale, de toute loi. Ce n'en est pas moins la devise de toutes les royautés, le principe d'action de tous les fondateurs de dynasties. Ce fut le principe de Napoléon III au 2 décembre 1851, comme au 18 brumaire 1799 celui de Napoléon Ier.

En cela les deux empereurs des Français, l'oncle comme le neveu, ne firent que copier les rois de France.

1° Monarchie légitime ou de droit divin.

Quoi qu'il en soit, sur les marches du trône se presse la foule des ducs, des marquis, des comtes, des barons : c'est la Cour. Il est si juste de dire que la monarchie a pour principe la conquête, qu'au commencement ces titres, dont sont décorés les courtisans, répondaient à des emplois militaires. Le duc, c'était le général, celui qui dirige une armée en campagne. Au marquis était dévolue la garde d'une forteresse; au baron celle d'une contrée. Le comte était celui qui accompagne, fait cortége, compose, pourrait-on dire, les états-majors. Puis, l'état de guerre devenant moins incessant et la multitude des courtisans grossissant toujours, on a vu foisonner des ducs qui, de leur vie, n'ont conduit une patrouille, des marquis peu soucieux de s'ensevelir derrière les murailles d'un château-fort, des barons et des comtes qui n'ont gardé que leurs domaines et escorté..... que la beauté.

Tout ce monde chamarré, empressé de servir, n'en est pas moins resté aux pieds du trône, aux aguets des fantaisies de celui, homme, vieillard ou enfant, qui portait au front la couronne.

Celui-là dit : *mes* sujets, *mes* soldats, *ma* police, *mes* villes, *mes* ports. De tout cela il use et mésuse comme d'objets dont on a la jouissance en même temps que la nue-propriété..., au gré de son bon plaisir. L'État c'est lui. Sa volonté fait loi. Ses courtisans en sont les fidèles exécuteurs. Les priviléges qu'il leur concède lui sont des gages de leur docilité. En retour, ces priviléges donnent à ceux-ci le pouvoir de promulguer des décrets, d'établir des douanes, des octrois, des péages, des prohibitions, de proscrire telle coutume, de favoriser telle autre, de rendre des arrêts, de maintenir sous leur joug, plus ou moins tracassier, l'industrie, le commerce, l'agriculture, les arts, la science même, dans toute l'étendue du rayon où prévaut leur autorite. Ils soudoient ou lèvent des troupes pour réduire à merci les récalcitrants. Entre eux, il arrive qu'ils se querellent. Alors, à propos de vaines questions d'amour-propre, ils s'arment en guerre et, à l'envi, dévastent le pays.

Cette monarchie-là est celle qui, pendant près de douze cents ans, a mis la France en coupes réglées.

Elle se prétend de *droit divin*, et se déclare *légitime*.

Pourquoi de droit divin? parce que les rois ont eu l'ingénieuse idée de se poser en représentants de Dieu sur la terre.

Pourquoi légitime?... On ne sait pas.

2° Monarchie constitutionnelle.

Renversée par la Révolution de 1789, restaurée plus tard, grâce à un guet-apens, la monarchie se trouva non plus cette fois en présence de sujets brisés à toutes les humiliations de l'obéissance passive, mais de citoyens ayant acquis certaines notions de leurs droits. Il fallut compter. On biaisa, on cria sur les toits que les droits du peuple étaient sacrés. On rédigea une constitution qui devait en être la garantie. On jura de l'observer, et l'on crut que tout serait dit.

La monarchie prenait ainsi la forme appelée constitutionnelle. Pour subsister, elle avait eu recours à un expédient. C'est ce qui la perdit. Elle s'engageait dans un impasse. — La monarchie constitutionnelle n'est pas viable. De deux choses l'une : le monarque, qui a juré d'observer une constitution propre à sauvegarder les droits du peuple, est sincère ou bien ne l'est pas. S'il n'est pas sincère, il ne tarde pas à violer la constitution, la charte jurée, et alors ameute contre lui une opposition qui va croissant et le renverse. C'est le cas de Louis XVI au 10 août 1792, de Charles X au 29 juillet 1830, de Louis-Philippe au 24 février 1848. S'il est sincère, il se trouve dans un singulier embarras. Le voilà dans la nécessité de faire *toujours* à temps, *toutes* les concessions à l'opinion publique, et *seulement* celles qui ne compromettent pas son autorité. Outre qu'il n'est pas de génie humain assez puissant pour accomplir avec quelque suite une tâche aussi lourde, à force de faire des concessions, il n'est pas de pouvoir qui, s'il est personnel, ne s'use et ne finisse par s'anéantir.

Et puis l'homme vieillit. Son jugement perd de sa sagacité, son esprit de sa souplesse. Il devient routinier ou bien indécis, ou bien entêté. Et puis encore, en admettant qu'un souverain ait réussi à résoudre pendant toute la durée de son règne un aussi difficile problème, quelles garanties a-t-on de voir son successeur déployer à son tour une aussi rare intelligence, suivre l'exemple d'un aussi loyal désintéressement?

Soit en raison de l'insuffisance intellectuelle du souverain, soit en raison de ses tendances dominatrices, la monarchie constitutionnelle laisse donc indéfiniment à redouter une révolution nouvelle. Trois fois, en France, depuis quatre-vingts ans, elle a essayé de s'installer. Trois fois elle a été renversée.

3° Monarchie césarienne, Césarisme, Empire.

Le césarisme s'est montré encore plus opposé, s'il est possible, plus antipathique aux instincts de la nation. Le césarisme, c'est la monarchie telle que l'avaient rêvée les deux Napoléon. A la fois brutale et rusée, la monarchie, sous la forme impériale, s'impose, qu'on le veuille ou non, par la roideur absolue, autoritaire, despotique de son administration.

La volonté de l'empereur ne connaît pas de contre-poids. Une armée de fonctionnaires *irresponsables* à sa dévotion, exécute ses ordres. Toute discussion est devenue oiseuse, car ses conclusions seraient inexorablement rejetées si elles se permettaient d'être en désaccord avec la pensée intime de Sa Majesté. Toute activité individuelle est suspecte. Toute opposition est étouffée avec une inquiète et jalouse sévérité. Ministres, préfets, sous-préfets, administrateurs de divers ordres, tout le monde obéit et a pour mandat de faire obéir la foule des administrés.

Il y a trois classes dans une société pareille; 1° l'armée qu'on tient parquée dans les casernes ou les camps, et qui ne conserve avec la population que les rapports impossibles à supprimer. Elle a sa vie, ses mœurs, son fonctionnement à part. C'est une société en armes, qui évolue au sein d'un peuple désarmé; 2° les fonctionnaires, agents exécutifs des décisions du pouvoir; ceux-là s'inclinent, obéissent et touchent le salaire convenu; 3° les administrés, disons mieux, les contribuables, ceux qui payent, c'est-à-dire tout ce qui travaille, produit, concourt au bien-être général et..: se trouve broyé dans les engrenages de cette monstrueuse organisation.

La concession aux droits du peuple, la voici. Il peut être fait appel au pays dans des circonstances déterminées. C'est à l'empereur qu'il appartient de juger, dans sa haute sagesse, de l'opportunité de cet appel. Cet appel au peuple a nom : *plébiscite*. Machine dangereuse! C'est un procédé très-finement inventé par le pouvoir pour dégager sa responsabilité propre, tout en fortifiant son autorité. — Coup double.

Une question est posée. Elle l'est brièvement, en quelques mots. En apparence c'est simple, c'est naïf presque. En apparence, oui; mais, au fond?

Sous peine d'être frappée de nullité la réponse doit être catégorique, un *oui* ou un *non*. — Et les conséquences de cette réponse? On se garde bien d'en parler. On les dissimule, on les cache. La masse des interrogés ne les soupçonne même pas. C'est là qu'est le joint.

Quelques jours avant le vote, la vigilante armée des fonctionnaires, celle des agents, avoués ou non, entre en campagne. On fait courir des bruits... On se lamente... On tremble... On porte sur l'avenir les plus sombres prédictions. — L'hydre de l'anarchie a redressé la tête... La famille, la religion, la propriété sont menacées... Les révolutionnaires, les républicains, les partageux, les *mauvais gas* de Paris se sont coalisés contre les honnêtes gens... On craint tout, tout est à craindre. On parle à demi-mot... On roule de gros yeux. — Puis, tout à coup: Merci, mon Dieu! la machine infernale est découverte, le complot éventé, les conspirateurs pris. Quel péril la vie de l'empereur a couru! A quel cataclysme la société vient d'échapper! Enfin, tout est réparé, merci, mon Dieu! — Quel gouvernement fort! quelle police! comme elle est bien faite! pourrait-on jamais trop chèrement la payer?...

Et l'innombrable cohue des imbéciles fait écho, colporte les nouvelles, enchérit sur les récits, prend peur et tremble... parce qu'on a l'air de trembler sous ses yeux... sans se rendre compte, sans savoir pourquoi.

Faites donc entendre raison à ces affolés? Essayez-donc de leur faire comprendre que la question plébiscitaire est obscure, mal posée, grosse de conséquences, et qu'il faut, en somme, avant de s'engager, y regarder à deux fois. On ne vous répond pas, ou on vous injurie. Vous êtes du complot. Vous êtes un ennemi de l'ordre, un personnage dangereux qu'on ferait bien d'arrêter. S'il ne s'en trouve point qui vous dénoncent, estimez-vous heureux. En ces moments-là, c'est une rage que de dénoncer.

Le scrutin s'ouvre. La terreur est générale. Sous la conduite des meneurs, le troupeau humain vote. Chacun donne son blanc-seing... aveuglément. — Le tour est joué.

Le lendemain, confiant dans la bonne police, l'empereur « par la grâce de Dieu et la volonté nationale, » ·(comme on disait au temps de Napoléon III) reprend son train de dissipations effrénées, d'incurie idiote, d'égoïste bestialité.

Je ne cesserai de le redire : au 8 mai 1870 il ne s'est pas passé autre chose. Les suites, qui ne les connaît ? — Souvenons-nous.

CONCLUSIONS

Conclusions? — Splendeur et misère, arrogance et servilité, duplicité et ignorance, incertitude du lendemain, menaces incessantes de guerres, de violences, de coups d'État, d'insurrections, dépenses exorbitantes, prodigalités insensées, dilapidation des fonds publics, élévation indéfinie de l'impôt, rapacité du fisc, spéculations immorales, soumission forcée du plus grand nombre au caprice de quelques-uns, priviléges scandaleux, rigueurs inutiles, inégalité révoltante dans la distribution de la justice et la répartition des charges envers l'État, voilà, qu'elle soit de *droit divin*, constitutionnelle ou césarienne, ce que c'est qu'une monarchie.

CE QUE C'EST QU'UNE RÉPUBLIQUE

Abolition des priviléges. — *Égalité des citoyens devant la loi.* — Voilà le principe fondamental de toute république. En dehors de ce principe, la république n'a pas d'existence possible. C'est ce principe qui fait la force de tout gouvernement républicain.

Le mot république veut dire : *Chose publique.*

Qu'est-ce que la chose ou les choses publiques, sinon la propriété, la fortune, le bien-être, la sécurité du groupe d'hommes qui compose un peuple?

Que deviendraient propriété, fortune, sécurité, bien-être, si une impartiale justice ne présidait à leur administration?

Que serait cette justice, si tous, sans distinction, n'étaient également protégés ; et comment pourrait fonctionner cette justice, si les priviléges de quelques-uns venaient à chaque pas mettre obstacle à son action?

La garantie réelle de l'intérêt commun a donc pour condition essentielle, l'abolition des priviléges de quelques-uns, et l'égalité de tous devant la loi.

Telle est aussi la condition fondamentale d'existence de la République.

La garantie réelle des intérêts réside donc dans l'exercice d'un gouvernement républicain.

I°. — La liberté politique sous la République.

Entre hommes vivant sur le même sol et composant une même société, entre concitoyens, les intérêts personnels, particuliers à chaque individu, et les intérêts généraux, relatifs à la masse, sont intimement liés. La sécurité et le bien-être de tous font le bien-être et la sécurité de chacun. Chaque citoyen a donc le devoir de participer aux charges dont l'intérêt général dépend. Chacun le doit, dans la mesure de sa force physique, de son intelligence, de son savoir. Chaque citoyen a également le droit d'intervenir personnellement dans la gestion des affaires publiques, tant pour faire prévaloir l'intérêt commun que pour sauvegarder ses intérêts particuliers. De la sorte, il a la jouissance de la liberté politique, qui consiste à exercer sa volonté dans la limite du respect dû à la volonté des autres. La volonté des autres, c'est la loi à laquelle tout le monde coopère, soit directement, soit par l'intermédiaire de représentants délégués à cet effet.

2° Les garanties de la prospérité sous la République.

La prospérité d'un pays est en rapport avec la richesse de sa production et la sage gestion de cette richesse.

La République étant, en vertu de son principe fondamental, le gouvernement protecteur des intérêts publics, mentirait à sa nature même si elle ne déployait une activité égale à rechercher, indiquer, mettre en rapport toutes les sources de production ; à écarter toutes celles de destruction et de ruine ; à réaliser, en un mot, toutes les conditions d'épargne, d'économie et de crédit.

3° Le service militaire sous la République.

La guerre est le pire de tous les fléaux. Aucune idée n'est plus opposée aux gouvernements républicains que l'idée de conquête. Ils ne combattent point, ils n'entreprennent de campagnes que pour la défense du territoire. Ils vivent en bons termes avec leurs voisins. Ils y mettent une seule condition : le respect dû à leur dignité et aux conventions qui règlent les rapports entre nations. Renonçant pour jamais à empiéter sur les droits des autres, ils ne sont armés que pour s'opposer à la violation des leurs. Dans cette extrémité, ils sont forts, car le gouvernement de la République, c'est tout le monde, et, en cas d'attaque, tout le monde le défend, tout le monde est soldat.

4° L'éducation sous la République.

L'oisiveté, dit-on, est la mère de tous les vices. — Elle a une sœur, l'ignorance, qui ne lui cède en rien pour la fécondité.

Le mot ignorance et le mot République jurent d'être accouplés. Comment admettre qu'un gouvernement au fonctionnement duquel le plus modeste citoyen est appelé à prendre part, tolère, faute de lumières, l'incapacité?

Le petit enfant qui naît a droit à la vie, et c'est un crime odieux que de l'abandonner. Est-il moins grand, celui de lancer le jeune homme à travers les écueils dont la société est hérissée, dépourvu de boussole, de jalons, de points de repère, de connaissances suffisantes pour se diriger? Ah! c'est saluer dignement la naissance de l'homme que de contracter envers lui, dès la première heure, l'engagement sacré de cultiver son esprit. Voilà ce qu'à l'honneur de l'humanité, a compris toute République. Aussi, est-ce au sein des États qui ont fait choix de cette forme de gouvernement qu'il faut aller chercher les véritables principes de l'éducation du peuple. Les États-Unis, en Amérique; en Europe, la Suisse, sont des modèles à cet égard.

Et puis, il y a en jeu un intérêt qui prime celui de l'enfant, si respectable qu'il soit; c'est l'intérêt de la *chose publique*. Quelle garantie conserveraient la sécurité, la fortune de tous, l'honnêteté des mœurs, le respect des lois, si vous souffriez, errants dans la foule, des hommes qui n'auraient pour frein à leurs vouloirs, à leurs instincts, à leurs passions, ni la culture de l'intelligence ni celle du discernement? A qui vous en prendriez-vous des délits, des crimes qui se commettraient? Quels seraient les vrais coupables? A qui incomberait devant le tribunal de la conscience (il est inflexible, celui-là) la terrible responsabilité? Non, encore un coup, aucun gouvernement républicain n'a toléré, aucun ne tolèrera une infraction à ce point coupable aux principes en vertu desquels il est *gouvernement républicain.* Entre les mains de la monarchie, l'ignorance a été depuis des siècles et jusqu'à nos jours est restée un moyen inique, mais puissant de domination. Elle serait pour toute république la plus compromettante des entraves.

Personne au monde, pas même les mieux doués, n'a la science infuse. On ne sait que ce qu'on apprend; donc il faut que tout le monde étudie.

Dans une République, le but suprême de l'éducation est de faire des citoyens. Plus une République compte de citoyens dignes de ce nom, plus elle est puissante et prospère. Tous sans exception ont donc le droit de recevoir et le devoir de prendre les enseignements qui leur permettront de porter ce titre avec une légitime fierté. Ce n'est plus cette instruction banale, incorrecte, routinière, telle qu'elle est demeurée jusqu'ici, que les enfants du peuple réclament; c'est une éducation large et positive qui les mette à même de discerner le vrai du faux, de se faire sur les hommes et les choses une opinion personnelle, d'exprimer nettement leurs idées, de défendre leur indépendance, et, à l'occasion, celle de leur pays.

Ce n'est pas des savants qu'il faut faire d'eux, mais bien des *hommes*, et c'est à des *hommes* qu'il convient de remettre le soin délicat de guider leurs premiers pas. Nulle mission n'est plus noble. Nul n'est plus apte à la remplir que celui qui, vivant de la vie civique, en exerce honnêtement les droits et en accomplit strictement les devoirs, qui, père lui-même, a goûté les joies austères et ressenti les angoisses poignantes du foyer; qui a puisé dans l'habitude du travail autant que dans la paternité, le tact exquis de la mansuétude dont l'enfance a tant besoin. Nul n'en est plus incapable que celui qui se tient à l'écart de la famille et des conditions naturelles et régulières de l'existence.

Ici, la parcimonie serait, à bon droit, taxée d'avarice inintelligente et sordide, et chacun doit pouvoir compter sur les largesses de l'État.

5° Les économies sous la République.

Vivre en travaillant, c'est la devise des hommes libres. La République n'admet ni les oisifs ni les paresseux. Il est une catégorie de gens plus dangereux encore que les inutiles et les engourdis; c'est la classe des parasites. Inquiets, remuants, intrigants, vaniteux, serviles, ceux-ci ne visent qu'aux honneurs et aux gros appointements. C'est, dans les États monarchiques, la pépinière des fonctionnaires à la fois arrogants et dociles; c'est celle des courtisans galonnés.

Leurs rares services se payent cher, car il y a sans cesse à réchauffer leur zèle en subvenant à leurs insatiables besoins. On leur met en mains un pouvoir presque discrétionnaire, presque absolu. On n'exerce sur leurs actes publics aucun contrôle. Aide et protection leur sont assurées dans leurs coups d'autorité. C'est trop. Voilà de quoi donner le vertige. Aussi, les voit-on trancher du potentat. Ils se prennent pour des diminutifs du souverain dont ils s'appliquent à copier le faste, les dissipations, les débauches, les folies. L'intérêt général est leur moindre souci. Les deniers publics, dont ils ont l'habileté de se faire confier le maniement, n'échappent pas toujours à leurs malversations. Complaisants quand même du pouvoir, tout leur est d'avance pardonné.

Sous le dernier empire, cette race abjecte foisonnait. On en pourrait citer les types accomplis.

La République n'a nul besoin des parasites. D'un trait de plume elle biffe leur budget.

— Un gouvernement au fonctionnement duquel chacun participe en vue de la prospérité croissante de tous a, en quelque sorte, pour gardien tout le monde. Sa police, en tout cas, s'occupe à rechercher les malfaiteurs, à arrêter les vagabonds, à prévenir les querelles de citoyen à citoyen, et non à se glisser dans le sanctuaire du foyer domestique pour s'y mettre à l'affût de sourdes et fantastiques conspirations. Qui passera son temps à conspirer dans l'ombre, quand tout le monde sera à même d'émettre librement son opinion et de discuter librement celle de son voisin? Or, sait-on ce que coûte, sous le régime autoritaire de la monarchie, cette police innombrable, exigeante, rapace, composée, dans tous les rangs de la société, de personnages tarés qui détiennent des secrets et... ont des vices à nourrir?

— Écoles pleines, prisons vides. Dépenser beaucoup d'or pour l'éducation du peuple, c'est faire un fort placement à gros intérêts.

— Et les associations de secours mutuels entre travailleurs, — cette institution si profondément démocratique, si féconde, qu'une République ne saurait trop encourager, — n'apporteront-elles pas aux dépenses obligées de chacun un allégement considérable? Elles suppriment du même coup la mendicité, qui toujours dégrade, et l'aumône, qui ne profite presque jamais.

En un mot, du moment que, soit directement, soit par l'intermédiaire du représentant de son choix délégué à cet effet, le citoyen prend une part active dans les délibérations du gouvernement, il lui devient possible de contrôler, critiquer, approuver, réprouver, en connaissance de cause, l'emploi de la cote personnelle qu'il fournit chaque année à titre d'impôt.

6° La sécurité sous la République.

Les choses vont mal. La mollesse du gouvernement à réprimer les menées des partis trouble la confiance. L'argent se cache. L'achat et la vente languissent. Il s'est produit des scandales. On cite des noms jusqu'ici honorables qui seraient fortement compromis. On lit sur les visages une vague anxiété... Les relations avec l'étranger ne sont pas plus satisfaisantes. On parle de maladresses qui auraient été commises. Il court sur la solidité de la paix des bruits peu rassurants. De sérieuses représentations ont été faites; de sages avis ont été donnés. Mais... on passe outre ; on n'écoute pas; on persévère dans un regrettable entêtement. Une telle conduite, c'est évident, aura des suites déplorables. — Décidément, l'orage est proche. Que faire ?

Sous un gouvernement monarchique, maudire son impuissance et se résigner ; ou bien se grouper autour des ardents et risquer d'arracher de force ce qu'on n'a pu obtenir de bon gré. Cela s'appelle, quand on réussit, de glorieuses journées, une exécrable insurrection, si l'on échoue. N'importe, on s'est mis en colère. On s'est battu. De part et d'autre il y a d'innocentes victimes. La lutte a entraîné d'irréparables désastres. Vainqueur, le parti de l'opposition, emporté par la fougue du moment, dépasse presque inévitablement le but, et prend des mesures hâtives qui compromettent son triomphe. Victorieuse, la cause de l'autorité s'embourbe de plus en plus dans l'ornière d'où l'on a vainement tenté de la tirer. Elle s'égare dans la voie des répressions à outrance. Elle se déconsidère, s'amoindrit, se prépare elle-même les hasards périlleux d'un nouveau combat. Cette fois, d'ordinaire elle s'effondre.

Voilà quatre-vingts ans que, périodiquement, notre chère et malheureuse France subit l'épreuve de pareils déchirements. Le contre-coup de chacun de ces chocs s'est longuement et cruellement fait sentir dans tout le pays. La fortune publique en a été terriblement ébranlée. Des haines s'en sont suivies, et un certain malaise nerveux qui se traduit, selon le tempérament des personnes, par une agitation fiévreuse, une égoïste indifférence, ou un pitoyable affaissement.

Avec le régime républicain, si l'on prévoit une crise, que fait-on? — On se concerte, on se consulte, on s'éclaire mutuellement. Ensemble, on arrête les décisions qu'on croit les plus propres à conjurer le danger. On a des représentants délégués près du pouvoir exécutif pour intermédiaires entre ce pouvoir et soi. Ceux-ci, qui ont grand soin, comme c'est leur devoir, de se tenir en relations permanentes avec leurs électeurs, complètent votre jugement, au besoin le redressent, vous rassurent, et, en tout cas, vous prêtent l'appui de leur expérience et de leur talent. De la sorte, l'opinion publique prend corps, et comme, en définitive, c'est elle la souveraine, elle impose aux actes du gouvernement la direction qui, d'un avis commun, est jugée celle de la dignité, de la prudence et du salut.

La volonté de la nation viendrait-elle, par impossible, à se briser contre une opiniâtreté inattendue de la part de ses mandataires, que tout espoir d'une solution pacifique ne serait pas perdu. Sous une République, le mandat qui confère aux citoyens élus le droit d'initiative dans les affaires de l'État est toujours temporaire. L'électeur est maître de le confirmer ou non. Rien ne l'empêche de chercher où bon lui semble l'homme qu'il jugera le plus apte à faire prévaloir ses intérêts. Il peut fixer son choix avec réflexion. Ce choix fait, ni colère qui engendre la violence, ni résignation qui énerve les caractères ; il attend. L'époque des élections n'est jamais bien loin. Ce jour-là, la loi lui permet, disons mieux, lui ordonne d'exprimer avec fermeté son opinion, en portant son suffrage sur qui le mérite à ses yeux. Ce jour-là, la loi autorise le mandataire dont le mandat expire à se démettre de sa charge et à rentrer dans la vie privée sans blessure d'amour-propre et sans déshonneur.

Pas de luttes, pas de sang, pas de violences. Le cours des affaires se poursuit ininterrompu. Elles passent en d'autres mains, et reçoivent une impulsion en accord plus parfait avec l'opinion. Et puis c'est tout.

CONCLUSIONS

La République est le gouvernement d'un peuple par lui-même, soit directement, soit par l'intermédiaire de délégués.

La liberté y a pour garantie le respect même dû à la loi.

La prospérité y prend ses sources dans la renonciation aux idées de conquêtes, dans le désir de tous de jouir en paix du fruit de leur labeur, et la possibilité de faire prévaloir ce droit, dans le soin accordé à la culture des intelligences qui accroît la capacité de l'homme pour le travail, et ses tendances naturelles vers le bien, dans l'économie que permet de réaliser le *bon marché* de la gestion des affaires publiques, dans l'inutilité des coups d'État, des insurrections et des violences pour modifier, si elles sont défectueuses, les allures du gouvernement.

Justice, liberté, éducation, assistance mutuelle, économie, sécurité, bon ordre, et par surcroît, laborieuse activité, — TOUS POUR CHACUN, CHACUN POUR TOUS, — voilà ce que c'est qu'une République.

Et maintenant, chers concitoyens, je vous le demande, de quel côté sont les garanties de l'avenir ?

Je viens de vous exposer les principes. Je vous ai rapporté brièvement des faits récents. Comparez, appréciez, jugez hommes et choses. *Faites-vous par vous-mêmes votre opinion.* Je ne me lasserai pas de vous exhorter à en contracter l'habitude.

Il n'est conviction si solide que celle qui s'est formée dans le calme et l'indépendance de la réflexion.

Ne soyons pas dupes. Tous les Batbie ne sont pas démasqués.

Il y a un signe pour les reconnaître : l'exagération même de leurs propos.

Tel qui proposait la veille, comme remède à la misère, de liquider la fortune publique, se fera le lendemain le serviteur d'un despotisme écrasant pour le travailleur, et réclamera contre le peuple un gouvernement de combat.

Tel qui, aujourd'hui, sous couleur de protéger la propriété et la famille (que personne ne menace), réclame un gouvernement de combat, laisserait, soyez-en sûrs, demain, pour peu que son égoïsme le lui commande, le roi ou l'empereur son maître, déchirer la famille, entamer l'épargne, saccager la propriété.

Encore un coup, souvenons-nous de l'empire.

Ont-elles été suffisamment compromises par l'empire ces trois choses : famille, épargne, propriété, qu'il devait si victorieusement défendre contre ce qu'il appelait les éternels ennemis de l'ordre, les partageux, les républicains? Dans des affaires véreuses on a gaspillé l'épargne; dans des guerres insensées on a dévasté la propriété; pour d'effroyables boucheries on a ravi à la famille ce qui fait sa force, son soutien, son espoir : l'homme, le fils.....

Et c'est l'hypocrite qui, après avoir affiché des

convictions républicaines, a fortement contribué en 1848, par le cynisme de son langage, par la niaise absurdité de ses propositions à faire de la République un objet d'effroi ; c'est le renégat devenu créature de l'empire, qui a l'audace aujourd'hui de prendre la parole ! Et pour demander, quoi ? — En faveur de ses amis, j'allais dire de ses complices, un gouvernement de combat. . . . . Maîtrisons notre indignation.

A ces violences auxquelles s'abandonne la coalition monarchiste, opposons la résolution calme, le sang-froid imperturbable, la dignité ferme de la raison.

Le groupe turbulent qui s'agite au sein de l'Assemblée la tue. Elle agonise. En vain, ces incorrigibles adversaires des droits de la nation essayeront-ils, au profit de leurs illusions défaillantes, d'outrepasser leur mandat. Élus dans une heure d'angoisse, ils ont reçu celui de traiter de la guerre ou de la paix. Ils ont fait la paix, leur mandat est rempli.

Ils n'ont pas la prétention, sans doute, de s'éterniser ?

Ils susciteront encore des difficultés ; ils souffleront encore la discorde ; ils feront encore du mal très-certainement.

Sur la pente fatale où ils glissent, plus ils redoubleront leurs coups désespérés, plus ils précipiteront l'inévitable dénouement.

La dissolution les tient.

Souffrons avec une inaltérable égalité d'âme leurs impuissantes hostilités. Elles ne méritent qu'un souverain mépris.

Tournons ailleurs nos yeux.

Sous un délai, assurément peu reculé, nous aurons à choisir d'autres mandataires. Que cette fois, le choix se fasse avec maturité. Il y va du salut de tous.

Occupons-nous dès à présent, chers concitoyens, de chercher parmi nous les hommes qui, dégagés des préjugés du passé, absolument libres d'attaches monarchiques, résolus à fonder la République sur les bases de la justice et de la liberté, aptes à l'étude des graves problèmes sociaux qui s'imposent, seuls sont vraiment dignes de représenter notre laborieux pays.

Votre parfaitement dévoué,

Dr COLLINEAU.

A Ancenis, le 15 décembre 1872.

[PARIS, ÉDOUARD BLOT ET FILS AÎNÉ, IMPRIMEURS, RUE BLEUE, 7.